Stella poliert die Sterne
Ein modernes Mitmach-Märchen zur Augenfitness
für Kinder und Junggebliebene

Zum Lieb-ÄUG-eln für ...

augenblicklich überreicht von ...

Gottfried Eckert

Stella poliert die Sterne
Ein modernes Mitmach-Märchen zur Augenfitness
für Kinder und Junggebliebene

Bibliografische Information der Deutschen Nationalbibliothek

Die Deutsche Bibliothek verzeichnet diese Publikation in der Deutschen Nationalbibliografie; detaillierte bibliografische Informationen sind im Internet über http://dnb.dnb.de abrufbar.

ISBN: 978-3-7693-9918-9

Wichtiger Hinweis/Haftungsausschluss:

Verlag und Autor haben sich um die Richtigkeit und Vollständigkeit der Inhalte dieses Buches und der zur Verfügung gestellten Daten und Informationen bemüht. Trotzdem können Fehler nicht vollständig ausgeschlossen werden. Eine Gewähr für die Aktualität, Korrektheit, Vollständigkeit oder Qualität der bereitgestellten Informationen kann deshalb nicht übernommen werden. Das in diesem Buch vorgestellte Augenfitness-Programm versteht sich ausdrücklich nicht als Therapie- oder Heilungsprogramm. Es richtet sich prinzipiell an physisch und psychisch gesunde Menschen, die sich bewusst sind, selbst die alleinige Verantwortung für ihre Gesundheit und ihr Wohlbefinden zu tragen. Gegebenenfalls ist vor Umsetzung des Programmes mit einem Arzt/Therapeuten o.ä. zu klären, ob das Verfahren und mithin die einzelnen Techniken für die betreffende Person geeignet sind. Verlag und Autor weisen vorsorglich und ausdrücklich darauf hin, dass die abgegebenen Informationen nicht genutzt werden können, um Krankheiten oder Leiden eigenständig zu diagnostizieren bzw. zu therapieren. Die Nutzung der Inhalte ersetzt in keiner Weise die ärztlich-medizinische bzw. therapeutische Diagnose, Behandlung oder Medikation, sofern diese angezeigt sind. In diesem Zusammenhang sei auch auf die Bedeutung fachkundiger medizinischer Untersuchungen, Beratungen und Behandlungen durch einen Arzt bzw. Therapeuten des Vertrauens besonders hingewiesen. Alle Leserinnen und Leser sind aufgefordert, selbst zu entscheiden, ob und inwieweit sie die Techniken ausführen. Die Anwendung erfolgt mithin auf eigene Verantwortung. Eine Haftung des Autors bzw. des Verlages und seiner Beauftragten oder Erfüllungsgehilfen für Personen-, Sach- und Vermögensschäden ist ausgeschlossen.

Gottfried Eckert, «Stella poliert die Sterne. Ein modernes Mitmach-Märchen zur Augenfitness für Kinder und Junggebliebene»

© 2025 – Gottfried Eckert, In der Schleth 7, D-56567 Neuwied
☎+ 49 (0)2631 405535 ✆ www.my-qigong.company ✉ mail@my-qigong.company
Alle Rechte vorbehalten.

Dieses Werk einschließlich aller seiner Teile ist urheberrechtlich geschützt. Jede Verwertung außerhalb der engen Grenzen des Urheberrechtsgesetzes ist ohne ausdrückliche Zustimmung des Autors und Verlages unzulässig. Dies gilt insbesondere für Vervielfältigungen, Übersetzungen, Mikroverfilmungen o.ä. und die Einspeicherung, Verarbeitung und Verbreitung in elektronischen Medien.

Verlag: BoD · Books on Demand GmbH, In de Tarpen 42, 22848 Norderstedt, bod@bod.de
Fon: +49 (0)40 534335-0, Internet: www.bod.de, Email: bod@bod.de
Druck: Libri Plureos GmbH, Friedensallee 273, 22763 Hamburg
Idee, Konzeption und Realisierung: Gottfried Eckert
Autor: Gottfried Eckert | **Redaktion, Layout:** Gottfried Eckert

ISBN: 978-3-7693-9918-9

Inhaltsverzeichnis

Es war einmal ...

So beginnt auch dieses moderne Mitmach-Märchen rund um Stella und ihre himmlische Mission, den Sternen einen Liebesdienst zu erweisen.

Eingebettet in die Erzählung wird ein komplettes Augenfitness-Programm mit 10 einfach zu erlernenden und wirkungsvollen Einzeltechniken präsentiert.

Der Gesundheitsfokus ist: Vitalisierung und Harmonisierung der Augen, Entspannung und Kräftigung der Augenmuskulatur, Stärkung von relevanten Organ-Funktionskreisen, Versorgung der Augen mit Vitalsubstanzen, mentale Ruhepolung.

So, genug der Worte, ran an die Augensterne ...

Mit einem fröhlichen Augenzwinkern ;-)

Gottfried Eckert

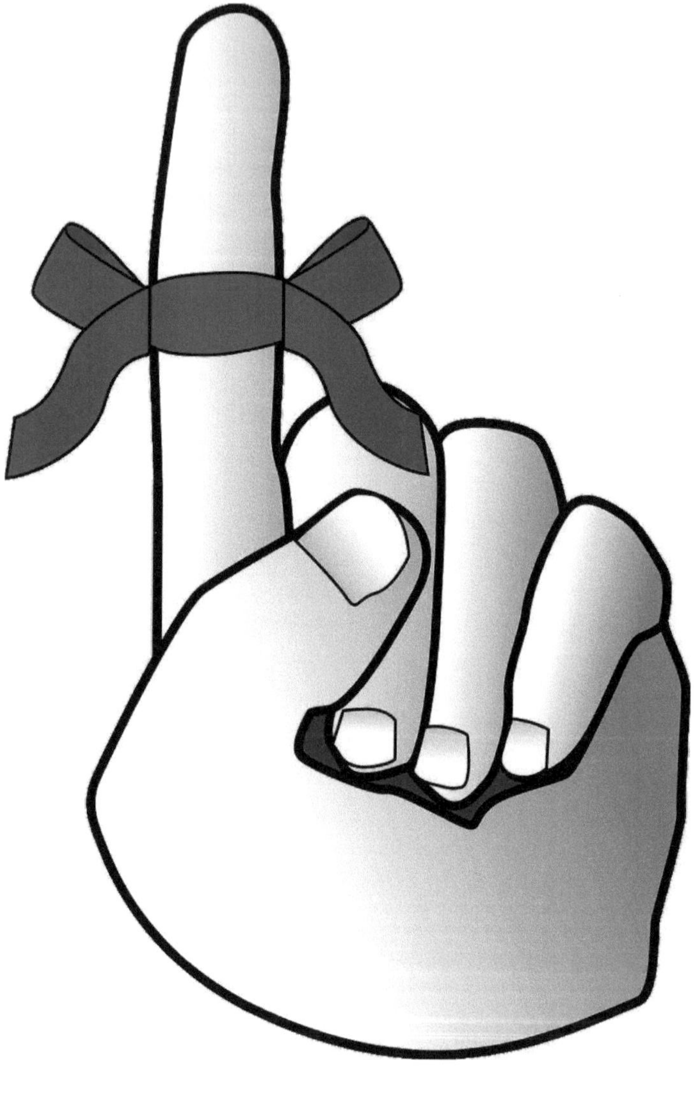

1
Merke wohl

Die nachfolgenden Hinweise dienen deiner inneren und äußeren Vorbereitung auf das Augenfitness-Programm. Sie sollen dich in die Lage versetzen, die einzelnen Techniken harmonisch, wirksam und nachhaltig auszuführen.

Wichtig: Wenn du eine Brille oder Kontaktlinsen trägst, setze bitte während des Programmes deine Brille ab bzw. nimm deine Kontaktlinsen heraus. Immer vorausgesetzt, dies ist gefahrlos möglich! Aus hygienischen Gründen und um Infektionen zu vermeiden, solltest du die Hände vor Anwendung der Techniken unbedingt gründlich waschen und ggf. desinfizieren.

Achte bitte bei allen Techniken unbedingt und jederzeit darauf, dass du sie als angenehm empfindest. Gehe stets liebevoll mit dir und deinem Körper um. Und führe alle Techniken behutsam, sanft, locker, natürlich, langsam, harmonisch und achtsam aus. Maßgeblich für die Anwendungspraxis sind dein subjektives Wohlgefühl und deine Intuition.

Sei geduldig und orientiere dich nicht an irgendwelchen Zielsetzungen oder Resultaten.

Nicht jeder Mensch ist gleich. Falls bei einzelnen Techniken Beschwerden oder Befindlichkeitsstörungen auftreten, lasse die betreffende Technik einfach aus bzw. beende das Programm.

Im Idealfall führst du das ganze Programm vollständig durch. Ist dies nicht möglich oder hast du spezifische Präferenzen, kannst du auch einzelne Methoden und Techniken intuitiv auswählen.

Praktiziere nach Möglichkeit regelmäßig. Dann stellt sich auch ein hilfreicher Rhythmus ein. Berücksichtige dabei die 21/90-Regel: mindestens 21 Tage, um eine neue Gewohnheit in dein Leben zu integrieren und mindestens 90 Tage, damit aus der Gewohnheit ein Lifestyle wird.

Du kannst das Augenfitness-Programm grundsätzlich zu jeder Tageszeit praktizieren. Wahlweise im Stehen, Sitzen oder Liegen. Und gerne mit Entspannungsmusik …

2
Märchen-Zeit

Es war einmal ...

ein kleines Mädchen namens Stella. Sie hatte große Freude daran, nachts vom Fenster ihres Zimmers die Sterne am Himmel anzuschauen. Und weil sie so viel Frohsinn mit ihnen hatte, beschloss Stella, den Sternen einen Liebesdienst zu erweisen. Aber womit kann man den Sternen dienlich sein? Die Antwort liegt auf der Hand: man poliert sie auf Hochglanz!

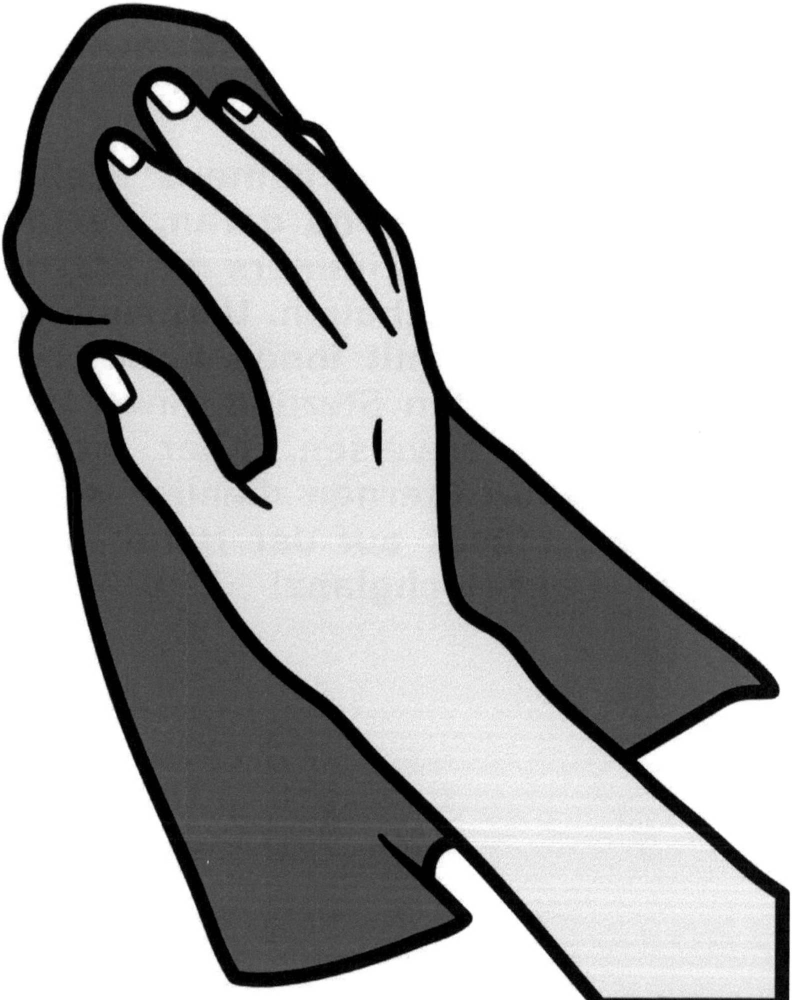

Also dann ... ran an die Sterne.

Bereits am nächsten Morgen packte Stella putzmunter und gutgelaunt etwas Proviant, eine Flasche Politur und einen weichen Lappen zum Hochglanzpolieren der Sterne in ihren Lieblingsrucksack und machte sich auf den Weg.

Lappen

🗣 Anleitung

ⓘ ■ Stehen ■ Sitzen ■ Liegen

Die Hände reiben. Anschließend mit Daumen und Zeigefingern die Ohrläppchen in kleinen kreisenden Bewegungen (im Uhrzeigersinn) sanft massieren.

Nach einer Weile kam sie an einer Höhle vorbei. Dort lebte eine kleine Fledermaus. Sie hing mit dem Kopf nach unten und gähnte Stella ziemlich gelangweilt an. Stella fragte die Fledermaus, ob sie ihr den Weg zu den Sternen erklären könne. Doch die kleine schläfrige **Fledermaus** konnte ihr überhaupt nicht weiterhelfen.

Kleine Fledermaus in der Höhle

🗣 Anleitung

ⓘ   ■ Stehen ■ Sitzen ■ Liegen

Die Spitzen von Zeige-, Mittel, Ring- und Kleinfinger im oberen Stirnbereich ablegen. Mit beiden Daumenbeeren die Vitalisierungspunkte an den inneren Enden der Augenbrauen (oberer Rand der Augenhöhle) sanft kreisend massieren.

CLEANING SERVICE

Also ging Stella weiter. Bald kam sie an eine alte Hütte. Stella erkundigte sich bei der Hütte nach dem Weg zu den Sternen. Aber auch die Hütte kannte den Weg leider nicht. Stella wollte schon weiterziehen, da bat die Hütte das Mädchen noch darum, seine Fenster zu putzen - für eine klare Sicht nach draußen. Das war natürlich Ehrensache für Stella. Ohne zu zögern, holte sie Wassereimer und Scheibenwischer aus der Hütte und putzte alle Fensterscheiben blitzeblank.

Scheibenwischer

🗣 Anleitung

ⓘ ■ Stehen ■ Sitzen ■ Liegen

Die Daumenbeeren an die Schläfen legen. Mit den eingeklappten Zeigefin-
geraußenseiten entlang der oberen
und unteren Begrenzungen der Au-
genhöhlen sanft kreisend massieren.

Kaum hatte Stella ihre Arbeit beendet, kam ein Hase vorbeigehoppelt. Auch von ihm wollte sie den Weg zu den Sternen wissen. Der Hase zuckte mit den Schultern. Den Weg zu den Sternen kannte er genauso wenig. Er verabschiedete sich freundlich und nahm noch eine leckere **Rübe** aus dem Vorgarten der Hütte für unterwegs mit.

Rübe

🗣 Anleitung

(i) ■ Stehen ■ Sitzen ■ Liegen

Mit den Zeigefingerkuppen die Vitalisierungspunkte links und rechts der Nasenwurzel (am inneren Augenwinkel) sanft kreisend massieren.

5

Stella hatte inzwischen ebenfalls Hunger bekommen und machte sich sogleich leidenschaftlich über die mitgebrachte Verpflegung her. Nachdem sie sich gestärkt hatte, fiel Stellas Blick auf eine Katze, die sich in unmittelbarer Nähe niedergelegt hatte und gemütlich vor sich hindöste. Stella trat heran und nutzte erneut die sich bietende Gelegenheit, um nach dem Weg zu den Sternen zu fragen. Die Katze hob ihren Kopf, blinzelte mit den Augen und spielte nachdenklich mit ihren Schnurrhaaren. Letztendlich war aber auch sie ratlos.

Schnurrhaare

34

🗣 Anleitung

ⓘ ■ Stehen ■ Sitzen ■ Liegen

Mit den Zeige- und Mittelfingerkuppen die Vitalisierungspunkte an den Unterrändern der Wangenknochen (Kreuzungspunkte der senkrechten Pupillenlinien mit einer Horizontalen in Höhe des Unterrandes der Nasenflügel) sanft kreisend massieren.

6

Jetzt war es Zeit für ein kleines Nickerchen. Stella ging in die Hütte, um ein wenig zu ruhen. Müde schloss sie die **Fensterläden** und machte es sich in einer Hängematte bequem.

Fensterläden

🗣 Anleitung

(i) ■ Stehen ■ Sitzen ■ Liegen

Die Hände reiben. Dann die Hände über die geschlossenen Augen legen (⧗ 1 - 3 min oder individuelle Dauer).

7

Als Stella wieder erwachte, war es schon dunkel. Schleunigst setzte sie ihren Weg fort. Nachdem sie eine ganze Weile gegangen war, sah Stella plötzlich in der Ferne Licht. Das mussten die Sterne sein. Glücklich, die Sterne endlich gefunden zu haben, marschierte sie geradewegs auf die Lichtquelle zu. Als sie dort ankam, erlebte sie eine Enttäuschung. Es waren keine leuchtenden Sterne, sondern ... ein altes Automobil! Dessen Blinker hatten aus der Ferne wie Himmelssterne gewirkt.

Blinker

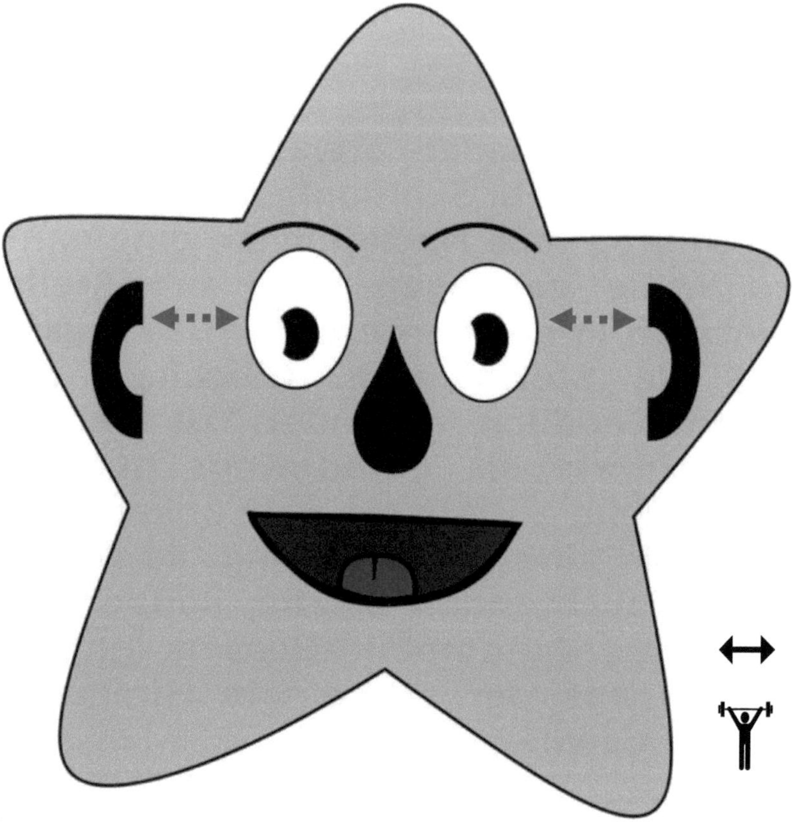

42

🗣 Anleitung

ⓘ ■ Stehen ■ Sitzen ■ Liegen

Ohne den Kopf zu bewegen mit den Augen im Wechsel nach links und dann nach rechts blicken. Mehrfach wiederholen.

8

Stella zweifelte angesichts der bisherigen Erfahrungen für einen Moment an sich und ihrem Vorhaben, den Sternen etwas Gutes zu tun. Da ließ das Auto plötzlich seine Scheinwerfer aufleuchten und winkte Stella zu sich heran.

Scheinwerfer

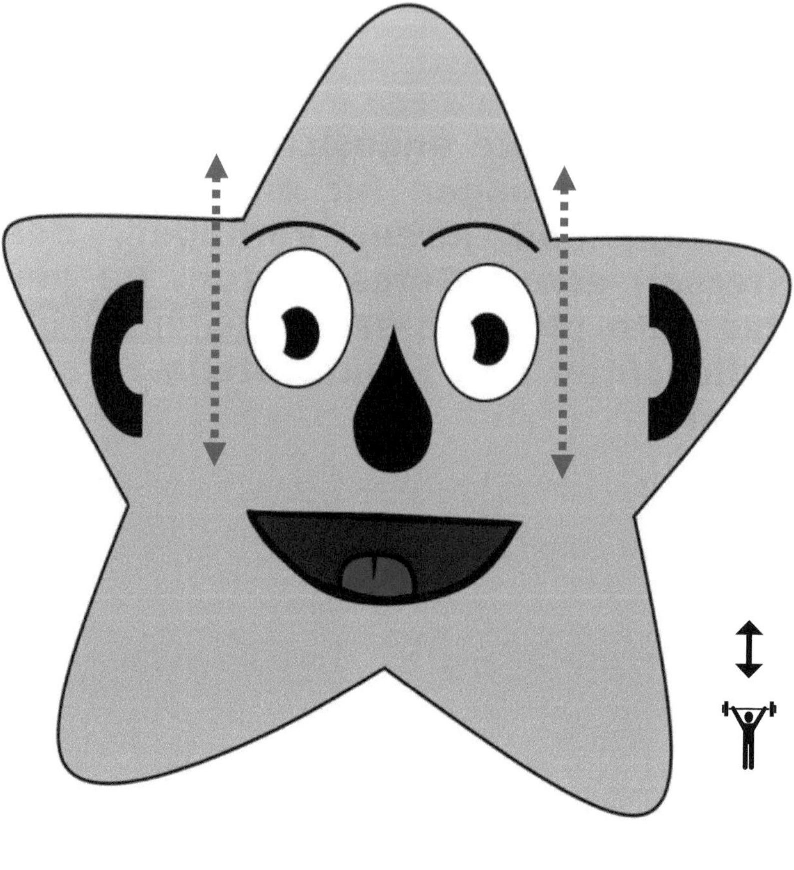

🗣 Anleitung

ⓘ ■ **Stehen** ■ **Sitzen** ■ **Liegen**

Ohne den Kopf zu bewegen mit den Augen im Wechsel nach links oben und dann nach links unten blicken, anschließend nach rechts oben und nach rechts unten blicken. Mehrfach wiederholen.

9

Das Auto bemerkte die Enttäuschung des kleinen Mädchens. Hilfsbereit kramte es im Handschuhfach nach einem **Fernglas** und gab es Stella für ihre Suche nach den Sternen.

Fernglas

🗣 Anleitung

ⓘ ■ Stehen ■ Sitzen ■ Liegen

Auf Höhe des Bauches mit den Händen ein imaginäres Fernglas formen. Die Hände im Bogen nach oben vor die Augen führen (ohne Körperkontakt), mit weit geöffneten Augen durch das imaginäre Fernglas blicken und anschließend die Hände wieder absetzen. Mehrfach wiederholen.

Endlich! In einiger Entfernung war ein großes, helles Licht zu erkennen. War dort das Ziel ihrer Reise? Stella war ganz aufgeregt. Sie bedankte sich bei dem Automobil für seine Hilfe und verabschiedete sich in die Dunkelheit. Wie mit Siebenmeilenstiefeln schritt sie voran, bergauf und bergab. Schließlich war der Weg zu Ende. Stella stand am Fuße eines großen **Leuchtturmes**, dessen Leuchtfeuer die Nacht erhellte.

Leuchtturm

54

🗣 Anleitung

ⓘ ■ Stehen ■ Sitzen ■ Liegen

Die Hände reiben. Anschließend die Hände auf die Nieren legen. Den Kopf ganz langsam um 90 Grad nach links rotieren und währenddessen einatmen. Den Kopf ganz langsam wieder zurück zur Mitte drehen und dabei ausatmen. Den Kopf ganz langsam um 90 Grad nach rechts rotieren und währenddessen einatmen. Den Kopf ganz langsam wieder zurück zur Mitte drehen und dabei ausatmen. Mehrfach wiederholen.

Stella stieg die Stufen bis zur Aussichtsplattform hinauf. Sie blickte zum Himmel - über ihr war ein grenzenloses Sternenmeer. Millionen und Abermillionen funkelnder, glänzender Sterne waren zum Greifen nah. Da wurde ihr ganz warm ums Herz, und ein unbeschreibliches Glücksgefühl durchströmte ihren Körper.

Und da Stella sah, dass die Sterne bereits picobello poliert waren, ging sie fröhlich und zufrieden nach Hause. Nicht ohne zumindest kurz darüber nachgedacht zu haben, wer denn wohl sämtliche Sterne auf Hochglanz gebracht haben könnte ...

3
Mein Mitmach-Spickzettel

Mein Mitmach-Spickzettel

1		**Lappen**
2		**Kleine Fleder-maus in der Höhle**
3		**Scheiben-wischer**
4		**Rübe**
5		**Schnurr-haare**

★ 6		**Fenster- läden**
★ 7		**Blinker**
★ 8		**Schein- werfer**
★ 9		**Fernglas**
★ 10		**Leucht- turm**

4
Zu guter Letzt

Autor

Gottfried Eckert

Gottfried Eckert (Jahrgang 1966) ist Experte für Gesund-
heitsförderung und -management. Er leitet das Institut für
berufliche Bildung, Gesundheit und Soziales und ist Inhaber
der 3TRUST e.K.

⊕ **www.my-qigong.company**
⊕ **www.3trust-media.com**

Veranstaltungen & Co.

WERBUNG

**Institut für berufliche Bildung, Gesund-
heit und Soziales. Gottfried Eckert**
In der Schleth 7
D-56567 Neuwied
Fon: +49 (0)2631 405535
Email: mail@my-qigong.company

Infos/Buchung: www.my-qigong.company

Strategischer Partner

WERBUNG

WissGroup GmbH
Richard Hemberger Straße 7
D-69412 Eberbach
Fon: +49 (0)6271 77231
Email: m.paetzold@wissgroup.de
Internet: www.wissgroup.de

Bildnachweis

Seite 5
© Clker-Free-Vector-Images | Pixabay, #295049 – Schild
Seite 7
© cat6719 | Pixabay, #572536 – Mond, Sterne
Seite 8
© Clker-Free-Vector-Images | Pixabay, #23771 – Finger
Seite 12
© OpenClipart-Vectors | Pixabay, #1297384 – Comic
Seite 14
© flutie8211 | Pixabay, #8552534 – Fenster, Nacht
Seiten 12, 16, 60
© Ninera | Pixabay, #4399971 – Reinigung
Seiten 12, 20, 60
© Chippyri | Pixabay, #5711107 – Fledermaus
Seiten 12, 24, 60
© Bikki | Pixabay, #3591146 – Reinigungsservice
Seiten 12, 28, 60
© OpenClipart-Vectors | Pixabay, #1299162 – Hase
Seiten 12, 32, 60
© Clker-Free-Vector-Images | Pixabay, #30775 – Katze
Seiten 12, 36, 61
© OpenClipart-Vectors | Pixabay, #153084 – Hütte
Seiten 12, 40, 44, 61
© OpenClipart-Vectors | Pixabay, #155267 – Automobil
Seiten 12, 48, 61
© mikelele | Pixabay, #3528747 – Fernglas
Seiten 12, 52, 61
© gustavorezende | Pixabay, #6742039 – Leuchtturm
Seite 56
© ChiaJo | Pixabay, #9117987 – Mädchen, Sterne
Seite 58
© Clker-Free-Vector-Images | Pixabay, #23405 – Notiz
Seite 62
© OpenClipart-Vectors | Pixabay, #161973 – Stern

Seiten 14, 16, 20, 24, 28, 32, 36, 40, 44, 48, 52, 56, 60-61
© Clker-Free-Vector-Images | Pixabay, #297837 – Stern
Seiten 18, 22, 26, 30, 34, 38, 42, 46, 50, 54
© Conmongt | Pixabay, #3302706 – Stern
Seite 64
© Jörg Lügering, www.fotografie-one.de

Header
© Clker-Free-Vector-Images | Pixabay, #310151 – Mond

Cover
© ChiaJo | Pixabay, #9117987 – Mädchen, Sterne
© Clker-Free-Vector-Images | Pixabay, #29888 – Nacht

Ein lachendes und ein weinendes Auge ...

Du hast es geschafft! Das unvermeidbare Ende dieses Märchenbuches ist da. Danke für deinen Kauf, dein Interesse und deine geschätzte Aufmerksamkeit. Es war mir eine große Freude, dich auf deinem Weg zu glänzenden Augensternen zu begleiten.